풍등

풍 등

김시천 시집

고두미

숲이 일렁이고 바람이 붑니다
나뭇잎 하나가 마지막 인연의 매듭을 풀고 공중을 날아
바람이 되어 내려옵니다

풍등 차례

제1부 바보, 꽃잎에 물들다

바보, 꽃잎에 물들다 _ 13
사랑에 대한 메모1 _ 14
사랑에 대한 메모2 _ 15
서로에게 그런 당신 _ 17
이 다음에는 우리가 _ 18
가실 끝낸 들판에서 _ 20
홍시 _ 23
모과 _ 25
안부1 _ 27
안부2 _ 28
안부3 _ 30
농부의 기도 _ 32

제2부 먹을 갈다가

먹을 갈다가 _ 37
그림을 그리다가 _ 38
붓 _ 40
하늘 빨랫줄 _ 41
득음 _ 42

거미__ 43
씨르래기의 노래__ 44
화분__ 46
어느 빚쟁이__ 47
적멸__ 49
눈 내려 좋은 날__ 50
조율__ 51
눈물__ 52
옹이__ 53
문__ 54

제3부 입춘첩

입춘첩__ 57
봄동__ 59
똥의 미학__ 60
나무 장다리꽃 보살__ 62
봄 경전__ 63
봄밤__ 65
마음 푸른 자 입납__ 66
봄바람 유희__ 67
찔레꽃 편지__ 68

생강나무__ 69
봄 나비의 꿈 1__ 70
봄 나비의 꿈 2__ 71
밤을 줍다가__ 72

제4부 별똥별

별똥별__ 75
별__ 77
심재(心齋)__ 78
소요유(逍遙遊)__ 79
생일__ 80
어머니의 소설__ 82
어느 옛 절 은행나무 아래서__ 83
조선시대 어느 환쟁이의 종적__ 84
가을 소풍__ 85
전라도 가을 산__ 86
세상의 경계__ 87
감을 따다가__ 89
다섯 살 너에게__ 90

제5부 바람의 뜰

바람의 뜰 _ 95
강을 지나며 _ 98
우리 동네 뒷동산 _ 100
산길을 가다가 _ 102
선운사 가는 길 _ 103
작은 일 _ 105
학에게 묻다 _ 106
푸른 눈동자 _ 107
상수리나무에게 _ 109
만리포에서 _ 110
바다가 보이는 풍경 _ 111
목백일홍 한 그루 _ 113
바람의 말 _ 114
풍등 _ 116

☐ 시인의 말
작품 해설 | 마음 가는 대로 _ 121
작가가 되려는 청소년에게 | 친구와 같이 _ 132

제1부

바보, 꽃잎에 물들다

바보, 꽃잎에 물들다
사랑에 대한 메모1
사랑에 대한 메모2
서로에게 그런 당신
이 다음에는 우리가
가실 끝낸 들판에서
홍시
모과
안부1
안부2
안부3
농부의 기도

바보, 꽃잎에 물들다

그냥 물들면 되는 것을
그냥 살포시 안기면 되는 것을
저절로 물이 들 때까지 기다리면 되는 것을

사랑한다고 사랑한다고
말로만 요란하였구나
그만, 바보짓을 하였구나

그냥 물들면 되는 것을
노을이 하늘에 물드는 것처럼
꽃에 꽃물이 드는 것처럼

그냥 꽃잎에 기대어
가만히 가만히 물들면 되는 것을
사랑한다고 말하지 말고
그냥 당신에게 물들면 되는 것을

사랑에 대한 메모 1

사랑은 맹세가 아니다
사랑은 고백이 아니다
사랑은 절규가 아니다
사랑은 약속이 아니다
사랑은 그냥 생각하는 것이다
사랑은, 다만 그저 조용히
생각하는 것이다
그대가 보고 싶어 못 견디던 그날
벌써 며칠 째 망설이던 그대의 집 대문 앞에서 마침내
초인종을 울리던 내 손가락의 전율을
이윽고 딸깍 하며 문이 열리던 그날
고동치던 내 심장의 박동을
그저 조용히 생각하는 것이다
책갈피에 끼워 둔 오래된 나뭇잎처럼 조심스럽게
내색하지 않고 그저 간직하는 것이다
그저 조용히 낯설지 않게 그대의 손을 다시 잡고
천천히, 서둘지 않으며 길을 가는 것이다

사랑에 대한 메모 2

올 테면 육칠월 억수장마같이 와라
올 테면 장맛비 그친 뒤 쏟아지는 햇살처럼 와라
뜨겁게 와라 온몸을 불사르리라
검붉은 장미꽃처럼

그러나 나는 더 이상 속지 않는다
사랑은 그렇게 오지 않는다
사랑은 어디서 갑자기 오는 것이 아니다

봄비 지나는 바위틈에서
졸졸거리는 개울가에서
사랑은 조금씩 조금씩 자라나는 것이다
때를 기다려 조금씩 고개를 내미는
제비꽃처럼, 민들레처럼
조금은 기다려야 사랑이다

뿌리를 내릴 때까지
새 잎이 돋을 때까지
조금은 수줍어야 사랑이다

그런 사랑이라야 상처를 보듬어 아프지 않게
어루만질 줄 안다

그래야 사랑이다
아프지 않아야 사랑이다

서로에게 그런 당신

눈이 옵니다
빈들에 내리는 눈처럼 한가로워서
가끔 지나가는 개똥지빠귀랑 숨바꼭질이나 하면서
바람이 대신 불어주는 대금 소리나 들으면서
그렇게 살았으면 좋겠습니다
허공중에 날리는 눈발이나 보면서
세상은 채워져 있는 것보다
비어 있는 것이 더 많다는 것을
그저 서로의 옆에서 빈 들이 되어
함께 알아간다면 좋겠습니다
우리가 나눌 수 있는 것이 고작
작은 열매 몇 개이거나
그 작은 열매가 익어갈 동안의
몇 평 땅에 뿌려진 얼마간의 햇살뿐이라 할지라도
섭섭해 하지 않았으면 좋겠습니다
서로에게 그런 당신이면 좋겠습니다
일을 끝낸 겨울 과수밭에
맨살 부대끼며 고요히 내리는
따스운 함박눈 같은

이 다음에는 우리가

이 다음에는 우리가
네가 구름이면
그 가까운 곳에 내가 산이거나
네가 산이면
내가 구름이거나

이 다음에는 우리가
네가 별이거나
그럼 나는 밤하늘이거나
네가 밤하늘이면
내가 별이거나

이 다음에는 우리가
욕심 없이 만나
흐르는 물처럼 함께 가거나
바람 부는 나무 아래 다정히 앉아
서늘한 그늘로 있거나

이 다음에는 우리가 혹
서로를 알아보지 못한다할지라도

무슨 상관이랴

그 때도 산은 구름과 함께 놀고
별은 밤하늘에 빛나고
물은 바람이 되고 바람은 물이 되어
끝없이 끝없이 출렁이리니

가실 끝낸 들판에서

마지막이라고 너무 요란 떨 거 없다
다시 못 보게 된다 해도 서운할 거 없다
돌아서면서 굳이 마지막이라고 말할 거 없다
사랑한다는 말도 하지 마라
다만, 눈웃음은 한 번 지어다오

내 넉넉하게 품어 가슴 한 쪽에 심어두면
그리울 때마다 조금씩 자라나
꽃이 피고 꽃이 지고
먼 훗날 언젠가는 그리움의 붉은 사과열매 하나
실하게 맺으리니, 그 때가 되면
가을 들판에서 거둔 과실처럼 크게 한 입 와삭 깨물어
문득 잠든 기억을 깨워보고 싶구나

사랑한 만큼 헤어짐은 날카롭고
만날 기약은 부질없다 해도
옷깃이 스쳐 깊은 강 어느 나루이거나
바람 부는 계절의 끝자락 어디쯤에서
한 번은 더 만날 수도 있지 않겠느냐

그 만남이 굳이 너와 내가 아니어도
문득 문득 우리가 인간임을 생각할 때마다
저마다의 가슴에서 남 몰래 자라난
붉게 익은 그리움 하나씩 꺼내어
잠든 기억을 깨우게 되리니

가실을 끝낸 들에서 사랑만이, 인간의 사랑만이
사과 하나 둘로 쪼개 나눠 가질 줄 안다*는
어느 시인의 절절한 사랑 노래를 우리도 배워
따라 부르게 되지 않겠느냐

그래도 어찌 서운하지 않으랴마는
섭섭하고 아쉽지 않으랴마는
굽이진 숲길에서 낯선 너와 내가 만나
이렇게 가까이서 서로의 이름을 부를 수 있었다는 기억만으로도
넘치는 아름답고 기쁜 노래이나니

마지막이라고 너무 요란 떨 거 없다
됐다 그냥 눈웃음이나 한 번 지어다오

* 김남주 시인의 「사랑」 중에서.

홍시

그리 모질게 살지 않아도 되는 것을
바람의 말에 귀 기울이며 물처럼 몸을 낮추어
조용히 흐르며 살아도 되는 것을
악다구니 쓰고 소리 지르지 않아도 되는 것을
말 한 마디 참고 물 한 모금 먼저 건네고
잘난 것만 보지 말고 못난 것들도 보듬으면서
거울 속 저 보듯이 서로 불쌍히 여기고
원망하고 미워하지 말고 용서하며 살걸 그랬어
잠깐인 것을, 세월은 정말 유수 같은 것을
흐르는 물은 늘 그 자리에 있지 않다는 것을
나만 모르고 살았을까
낙락장송은 말고 그저 잡목림 근처에
찔레나 되어 살아도 좋을 것을
근처에 도랑물이나 졸졸거리고 산감 나무 한 그루
철마다 흐드러지면 그쯤으로 그만인 것을
무어 얼마나 더 부귀영화 누리자고 그랬나 몰라
사랑도 익어야 한다는 것을,
덜 익은 사랑은 쓰고 아프다는 것을
사랑도 기다려야 한다는 것을 젊은 날에는 왜 몰랐나 몰라

나도 이제쯤에는 홍시가 되면 좋겠어 홍시처럼
내가 내 안에서 무르도록 익을 수 있으면 좋겠어
아프더라도 겨울 감나무 가지 끝에 남아 있다가
마지막 지나는 바람이 전하는 말을 들었으면 좋겠어

모과

그 어떤 나무도 열매를 맺기 전에
꽃 먼저 피운다는 것을
모과나무도 그랬다는 것을
꽃이 없는 열매는 없다는 것을
나는 참 늦게 알았다

나이가 들면서
내가 점점 모과를 닮아 가고 있다는 것을
조금씩 알아가면서, 장날
길가 좌판의 낡은 바구니에 담긴 모과도
어쩌면 처음엔 붉고 여린 속살의
다른 과일을 꿈꾸었는지도 모른다고 생각하면서

지난 늦가을부터 내 책상에 놓여있던
모과 몇 개를 저미어 차로 우려 마시면서
울퉁불퉁 모나고 단단한 모과의 속살에서 나오는
그 알 수 없는 깊이의 은유를 마시면서
나는 비로소 알았다

모과나무도 열매를 맺기 전에 꽃을 먼저 피웠다는 것을
그 어떤 삶도 저 나름의 이유와 향기가 있다는 것을
향기는 감춰지지 않으며 외로워 몸을 떨면서
붉고 여린 살이 부르터 굳고 단단해질수록
진하다는 것을
깊어진다는 것을

안부 1*

때로는 안부를 묻고 산다는 게
얼마나 다행스런 일인지
안부를 물어오는 사람이 어딘가 있다는 게
얼마나 다행스런 일인지
그럴 사람이 있다는 게
얼마나 다행스런 일인지
사람 속에 묻혀 살면서
사람이 목마른 이 팍팍한 세상에
누군가 나의 안부를 물어준다는 게
얼마나 다행스럽고 가슴 떨리는 일인지
사람에게는 사람만이 유일한 희망이라는 걸
깨우치며 산다는 건 또
얼마나 어려운 일인지
나는 오늘 내가 아는 사람들의 안부를
일일이 묻고 싶다

---

* 김시천 시집 『떠나는 것이 어찌 아름답기만 하랴』(내일을여는책, 1995)에서 재수록.

안부 2
― 낡은 수첩 하나

이삿짐을 싸는데
책꽂이 사이에서 낡은 수첩 하나가
조용히 안부를 묻는다

내 귀에만 들렸을까
아무렇지도 않은 듯 그저 무심히
그동안 잘 있었느냐고
별일은 없었느냐고

그러다 지워져 보이지 않던 주소 몇 개가
낡은 수첩 속에서 비로소 갑갑한 고개를 내밀더니
이번에는 한꺼번에 우루루 쏟아지며
안부를 묻는다

잘 지내느냐고
별일은 없었느냐고
어쩌면 그것은 내가 나에게 묻는 안부이기도 하였다

그 날 나는 오랫동안 이삿짐 싸는 걸 멈추고

낡은 수첩 속의 주소들에게 안부를 물었다

정말 잘 지내느냐고
정말 별일은 없는 거냐고

묻고 또 물었다
나에게 물었다

안부 3
― 감나무 아래를 지나며

이렇게 쉽게 너와 내가 안부를 주고받을 수 있는
이 편리함이란 것도 참 좋은, 참 스마트한 것이긴 하나
하루에도 수 십 통씩 딩동거리는, 낯선 이들이 묻는
휴대폰에 갇힌 나의 안부는 무어라 하랴
벌거벗은 타인의 은밀한 이야기를 기어코 퍼 나르는
어둔 밤의 안부가 넘쳐나는 시대가
너무 간지럽구나

그래도 가끔은 정말 아주 가끔씩은
결코 잊을 수 없는 간절한 안부가 아직 남아 있다는 것은
얼마나 다행스런 일인가

계절이 바뀔 때마다 찾아와 새로 옷을 갈아입는
꽃들의 귀에다 대고
속삭이듯 바람이 전하는 그리운 사람들의 안부가
아직 내 귓가에 들린다는 것은

감나무 아래를 지날 때마다
대추만하던 것이 어느 새 주먹만 한 붉은 감이 되어

그 다정한 눈빛을 담아 흐뭇한 미소로 안부를 전하는

그리 간절한 그리움은 아니나
조금은 넉넉한 조금은 푸근한
홍시를 닮아가는 벗들의 안부를 가끔
맛볼 수 있다는 것은

농부의 기도

신새벽
새벽별을 바라보는
나의 눈빛 또한
별처럼 빛나고 있음을
알게하소서
밭으로 향하는그 발걸음을
당당하게 하소서
땅을 내 몸같이 섬기며
이름 없는 풀 한 포기 나무 한 그루까지
땅에서 땅으로 돌아가는
모든 생명들과 더불어
하나로 살아가는 지혜를
깨닫게 하소서
노동으로 얻은 과일을
가장 큰 기쁨으로 알게 하시고
그 과일에 묻은 땀방울을
가장 값진 보석으로 여기도록 하소서
그리하여 그 삶이 메마르지 않도록
이웃에게 겸손하고

모든 일에 너그럽게 하소서
소유하지 않아서 오히려 풍요롭고
그저
한 줌 흙으로 돌아가는 날까지
이 땅에 바치는 노동의 순결함으로
그 소박함으로
살게 하소서
내 작은 삶이 그리하여 마침내
시가 되게 하소서

제2부

먹을 갈다가

먹을 갈다가
그림을 그리다가
붓
하늘 빨랫줄
득음
거미
씨르래기의 노래
화분
어느 빚쟁이
적멸
눈 내려 좋은 날
조율
눈물
옹이
문

먹을 갈다가

얼마나 더 나를 버려야
얼마나 더 많은 강을 건너야
먹향만 남아
언젠가 첫눈처럼 오실 당신을 기다려
진한 그리움으로
노래 한 줄 적을 수 있겠는지요

얼마나 더 나를 비워야
얼마나 더 깊은 잠을 잔 뒤에야
솔향만 남아
언젠가 봄눈처럼 싹 터 오실 당신을 기다려
바람 한 점
당신의 곁으로 불어갈 수 있겠는지요

그림을 그리다가

어제는 매화를 그려보고
오늘은 국화를 그리다가
겨울 들어 난을 쳐보기로 하였다
말이 그림이지 낙서 수준인지라
그래서 버리는 게 일과다

그림을 그리다가 생각해 보니
인생은 그림처럼 연습이 없다
인생의 그림은 국화면 국화고 매화면 매화다
난잎이 맘에 들지 않는다고 버릴 수가 없다
이미 살아버린 흔적을 지울 수가 없다

그 얼마던가 지금껏 나는
덜 마른 내 인생의 화폭 위에
얼마나 많은 방황과 번민의 얼룩들을 그려왔는가
미처 다 그리기도 전에 도로 가슴에 구겨 넣은
그림들은 또 얼마나 많은가

버려진 종이들을 바라보면서

새 종이 한 장을 올려놓았다
붓을 다듬어 먹물을 다시 찍었다
빈 종이가 하얗게 빛났다
이런 날에는 눈이라도 왔으면 좋겠다
찻물이 끓는다

붓

붓 한 자루 선물로 받았다
붓걸이에 걸어 놓고 한 해가 지났다
붓을 바라볼 때마다 마음 한 구석에
매화나 난초는 아니더라도
복사꽃 같기도 하고 살구꽃 같기도 하고
어떤 때는 두런거리는 사람 소리 같기도 한
구름을 닮은 그림들이 그려졌다
가끔은 먼발치에 물이 흐르는 산수화도 그려지는데
그 붓에 굳이 먹물 묻힐 일 없다

하늘 빨랫줄

잠깐 붓장난을 하다가 붓을 빠는데
수도꼭지를 틀어 놓고 한 참을 헹구어도
좀체 먹물이 빠지지 않는다

다 빠졌는가 해서 그만 돌아서려 하면 나 보아란 듯이
붓털의 어둔 구석에 웅크리고 숨어있던 녀석들이
패잔병처럼 스멀스멀 기어 나온다

기어코 어느 날에는 내 몸에서도
딱지가 앉아버린 내 인연의 잔털 속에서
숨어 있던 패잔병들이 손을 들고 나오리라

아, 지금 무거운 내 몸의 먹물들이여
밤마다 꿈이 되어 후회와 연민의 1막 3장을 펼치는
인생의 단막극이여, 불이 꺼진 무대의 쓸쓸함이여

기어코 어느 날에는 하늘 빨랫줄에
희게 빨려 흰 구름처럼 널어질 날도 있으리니
오늘은 그저 작은 붓이나 하나 깨끗하게 빨아보자

득음

드디어 울음소리가 노래가 되면서
매미 한 마리가
온 숲을 푸르게 물들였다

나는 몰랐다
지상에서 노래하는 모든 것들이
처음에는 다 울음이었다는 것을

나는 몰랐다
나 또한 울어야한다는 것을
그래야한다는 것을

거미

아, 이런
난 그저 창 너머로 저를
데려다 주려는 것뿐이었는데

늦은 밤
방바닥을 기어가던 거미 한 마리
그만 놀라 제 다리를 끊고 도망을 간다

때로 삶은 그토록 처절한 일이었구나

혹, 나 또한 그런 건 아닐까
어딘가에 끊어진 제 다리를
버려두고 온 것은 아닐까

씨르래기의 노래

씨르륵 씨르륵
벌써 여러 날 째
녀석이 또 곤한 잠을 깨운다

처음, 늦은 밤 화장실을 가다 발견한 녀석의 소리는
아주 조용하고 은밀했으나 여리고 가여워
마치 첫 키스처럼 입술이 간지러웠으나
어느 날부턴가는 천천히 나를 길들여 나의 과거로부터
씨르륵 씨르륵 불면의 실을 뽑아
안이 훤히 들여다보이는 시간의 집을
지었다 부수고, 부수고 다시 짓게 했다

아, 그러면서 조금씩 조금씩 나는
그것이 울음이 아니라 노래란 것을 알게 되었다
우리 또한 한 마리 씨르래기처럼 노래하다가
미처 다 부르지 못한 노래를 한 줌 재로 뿌리면서
하염없이 떠나곤 한다는 것을,
그랬다 그것은
생의 이쪽 끝에서 저쪽 끝까지 걸린 빨래처럼

조금은 남루하고 조금은 측은하기도 한

사랑이기도 하며 절망이기도 하며
미움이기도 하며 용서이기도 한
지울 수 없는 지워지지 않는

씨르륵 씨르륵
떨며 부르는 누구의 노래인들 뜨겁지 않으랴
누군들 쉬이 잠들 수 있으랴
벌써 여러 날 째 녀석이 곤한 잠을 깨운다
기억 저 너머의 닫힌 문마다
불이 꺼진 창마다 조용히 달빛을 적시며
세상의 모든 추억들을 흔들어 깨운다
바람이 분다
밤이 어둠이 뿌리째 흔들린다

화분

어쩌다가 화분을 깼다
깨진 화분그릇의 조각을 줍다가
마음도 그릇 같은 것이라면, 혹
내가 다른 누군가의 마음을 이렇게
깨뜨린 적은 없는지
내 마음은 또 얼마나 많은 조각으로
깨어져 흩어졌을 것이며
그 안에 담겼던 꽃나무와 그 잔뿌리들은
다 어떻게 되었을까 생각하니 마음이 저려와
그만, 또 털썩 하고 마음을 놓쳤다
쨍그랑 쨍그랑 쨍그랑 쨍그랑
그릇 깨지는 소리가 내 몸을 다 덮었다
멀리서 우는 예배당 저녁 종소리가
꼭 그렇게만 들렸다

어느 빛쟁이
— 눈

그는 예고도 없이 불쑥
방문을 연다

열기만 하고 들어오진 않는다
꼭 내가 저를 마중하러
창 너머로 손을 내밀게 하거나
마당가로 내려서게 한다
그러다 기어코 늦은 저녁
선술집이 있는 허름한 골목으로
나를 불러낸다

그러나 내가 그의 곁으로 다가가
저의 손이라도 잡을라치면 그쯤에서 그는
그림자도 없이 황망한 걸음을 옮겨
그냥 가버리고 만다

그가 그렇게 가버린 골목
텅 비어 눈이 부신
그 허전한 흰 빛의 침묵은 무엇일까

너도 그 언제는 눈이 부신 그런 순백의
언어였던 적이 있었지 않느냐고
따지러 온 건 아니었을까
벌써 잊었느냐고 빚쟁이처럼
따지러 온 것은 아니었을까

적멸

밤새
눈이 내렸다

아침이다
해 뜨고
산이 하얗게 빛났다

저 먼 곳의 히말라야처럼
누가 또 설산에 들어
밤새 제 발자국을 지웠나보다

뜨겁게 흐르는 눈물 한 점
기어이 흰 눈 속에 묻었으려니

아, 그러다 어느 봄날 천지사방에
화들짝 꽃눈을 열고 깨어나려니

눈 내려 좋은 날

누군가 문득
생각나는 날
마시지 않아도
저절로 취하는 날
마당에 나가
마냥 서 있고 싶은 날
눈 쌓여 인적 끊겨
그리움만 가득한 날
기다림이 고요함으로
하늘에서 반짝이는 날
기척도 없이 나도
하늘에서
별이 되고 싶은
그
런
날

조율

오랜만에 기타를 손에 잡았다
조율을 하려고 줄감개를 돌리는데
팅 하는 소리와 함께 줄이 끊어진다
언젠가 나도 한 번 그렇게 울었던 것 같다
저도 서운했던 걸까 오래도록 찾지 않아
야속했던 것일까

오랫동안 안부를 묻지 않은 사람들 생각이 났다
어쩌면 그들도 그랬을 것이다
이미 오래 전에 벌써
그들과 나 사이에 묶여 있던 관계의 줄을
끊어버렸는지도 모른다

아니 그것은 그냥 끊어졌을 것이다
목이 잠겨, 무심한 세월만큼이나 낡고 삭아
누가 손도 대기 전에 저절로 끊어졌을 것이다

조율되지 않아 울림을 잃은
노래가 없는 사랑은 이미
사랑이 아니다

눈물

그랬구나 내가 사막처럼 말라 갈 때
그 마지막 순간에 나를 지켜 준 것이 너였구나
격정에 불타던 젊은 날들을 다독이며
벼랑으로 추락하는 수많은 밤들을 지켜준 것도
바로 너였구나
사랑이 나를 아주 많이 아프게 했을 때
지쳐 쓰러져 몸져누웠을 때
병든 나의 이마를 짚어 준 것도
꽃도 잎도 다 말라 뿌리만 겨우 남아 잠든 나를
촉촉이 젖어드는 봄비가 되어 깨워준 것도
지난날의 잘못을 뉘우치는 면벽의 시간에
함께 무릎 꿇고 엎드려 기도해준 것도
그랬구나 네가 아니었다면
길이 보이지 않던 막막한 절망의 순간에
손을 내밀어 일으켜 준 네가 아니었다면
나는 끝내 일어서서 돌아오지 못했으리라
네가 아니었다면
네가 아니었다면

옹이

그냥 그런 줄 알고 살기로 했습니다
마음 한 구석에 꽉 처박아 두고
모른 척 딴전부리며 살기로 했습니다
누군들 살면서 상처 하나쯤 없겠습니까
다들 그러고 사는 거겠지요
가끔 옹이진 마음이 저려오긴 해도 견딜만합니다
미움도 사랑도 옹이가 지면
다 한 몸이 되어서 구분이 없습니다
어느 큰 절 일주문 옆 늙은 소나무의 도력을
조금은 알 듯도 합니다

문

 어떤 녀석이 교실 문을 발로 걷어차 구멍을 내버렸다. 어쩌면 또 두고두고 나쁜 놈이라고 낙인찍어 돌덩이처럼 매달고 다닐까봐 굳이 누구냐고 따져 묻지 않았다. 저도 그럴만한 사정이 있었겠지. 저도 그 때는 그럴 수밖에 없었겠지. 그러지 않았으면 저도 나도 감당할 수 없는 더 큰일이 생겼을지도 모른다며 애써 마음 누그러뜨리고 용서하라고, 용서하라고 너도 그런 적 있지 않느냐고 스스로 타일렀다. 그런 마음 갖고 살자고, 아무리 보아도 교실하고는 어울리지 않던 그 녹슬고 찌그러진 철문 걷어치우고 돈 들여 나무문으로 바꿔 단 게 아니었던가. 사실 따지고 보면 문이 그렇게 된 게 그 아이 혼자만의 일은 아니다. 세상에 발로 차버리고 싶은 게 비단 문뿐이겠는가. 무겁게 닫혀 마음을 짓누르는 세상의 문, 발로 걷어차 버리고 싶은 사람 어디 그 아이 혼자뿐이겠는가.

제3부

입춘첩

입춘첩
봄동
똥의 미학
나무 장다리꽃 보살
봄 경전
봄밤
마음 푸른 자 입납
봄바람 유희
찔레꽃 편지
생강나무
봄 나비의 꿈 1
봄 나비의 꿈 2
밤을 줍다가

입춘첩

봄 오시는 날 나도
봄이 되자 그이의 마음에
따스함이 되자

내 오랜 상처에도
새살 돋게 하자
봄 오시는 날 나도
봄이 되자

대지의 언 살을 터트리며 흐르는
강물 같은 해후가 되자

봄 오시는 날 나도
봄이 되자
오래 고였던 눈물 같은
뜨거움이 되자

봄 오시는 날 나도
봄이 되자

마침내 그이의 창 앞에
노오란 민들레 꽃 편지가 되자

봄동*

겨우내 굶주린 가난한 이들의 밥상에 올라
아직 시린 손 호호 불며
깡똥한 푸른 치마 맵시 좋게 춤을 추는
어린 배추이파리 몇 장

누가 그 이름 처음으로 불렀을까
희망이 되고 노래가 되는
저녁 밥상 위의 겉절이 한 접시

나이를 먹는다는 것은 그런 것이다
꽃이 아닌, 몸 떨리는 사랑이 아닌
그저 아무렇지도 않은 배추이파리 몇 장에
행복해지는 것

*겨울철 남쪽 노지에서 재배되는데, 추운 날씨 때문에 속이 차지 않고 잎이 작고 옆으로 퍼져 있는 달고 고소한 겨울배추.

똥의 미학

그러는 게 아닌데 그랬어
그냥 그렇게 보내서는 안 되는 거였어
처음 그것들이 내 입에서 얼마나
달콤한 것이었는지 얼마나
간절한 것이었는지
그렇게 쉽게 잊어서는 안 되는 거 였어
그게 옳은 일일 거야
된장만큼 고추장만큼 대접받진 못하더라도
집안의 가장 은밀한 곳에
집안 식구들끼리는 서로 은근한 자세로
소곤소곤 안부를 살필 수도 있도록
한 곳에 잘 모셔두었다가
이제 그만 묵은 정 털어야겠다 싶을 적에
끙! 하고 힘주어 지게에 실어다가
텃밭에도 조금 부려 놓고
감나무 아래도 조금 부려 놓고
그래 그러는 게 옳았을 거야
녀석들 덕분에 참으로 걸게 농사 지어
더운 여름 길게 늘어진 그늘에 앉아

입이 찢어지도록 텃밭의 상추로 쌈을 싸는 재미와
가을이면 해묵은 감나무 아래 누워
주렁주렁 해탈한 녀석들 바라보면서
즐거워 저절로 입이 헤 벌어지는 재미는
그건 또 얼마나 좋았겠어
그래 그러는 게 옳았을 거야

나무 장다리꽃 보살

무 장다리꽃이 피었다
산밭에 돌멩이 몇 개 주워내고 손바닥 반만큼
호미로 대충 긁어서 무씨 한 줌 뿌려놓고
바쁘다는 핑계로 그만 잊고 있었는데
저희들끼리 싹 틔우고
저희들끼리 인사 나누고
저희들끼리 소곤거리더니
아, 그것들이 그만 알아차린 것일까
주인 놈이 한없이 게으르니 우리끼리
뭐라도 한 번 해 보자고
작당이라도 한 것일까
발길 뜸한 주인 몰래
꽃 대궁 쭉 뽑아 올리더니 하늘에다
무 장다리꽃 노랑 물감으로 허허바다를 만들었구나
아하, 게으르길 참 잘했다
오늘은 사월 초파일
나무 관세음보살은 잘 모르겠고
에라, 나무 장다리꽃 보살이다

봄 경전

절 뒤에 나이 많으신
산벚나무 한 그루
꽃 등불 환하게 밝히시더니
봄 경전을 읽습니다
오늘은 금강경 대신 노자 도덕경입니다

일을 이룬 뒤 물러나는 것
하늘의 도이나니*

바람 불고
꽃비가 내립니다
오는 것도 봄이고
가는 것도 봄입니다

불붙은 복사꽃처럼 뜨겁게 타오르던 젊은 날
내 가슴을 시리고 아프게 다녀간 봄들도
봄비가 되어 내립니다

나는 아직 경전을 다 읽지 못하여

빗자루 들고 괜히 심통이 나서
절 마당만 여기저기 어지르고 다닙니다

*功遂身退 天之道(공수신퇴천지도) : 노자 도덕경에서 빌림.

봄밤

뜰에 모란 한 그루
상머슴 밥사발만한 꽃송이를
주렁주렁 매달고
저 혼자 즐겁다

벌 나비 아니어도
향기 진동하고
붉은 입술
바람에 간지러워
저 혼자 취하는 봄밤

꽃 피면 피는 대로
꽃 지면 지는 대로
나도 따라 피고 지면
그만

마음 푸른 자 입납

소쩍새가 작년에는 소쩍! 하고 울었는데
지가 무슨 조선 시대 명창 권삼득이라도 되는 줄 아는지
올해는 솟솟쩍! 하고 엇박자로 더늠을 넣는다
찾아가 통성명이라도 하면 좋겠지만
저나 나나 주고받을 마땅한 명함 한 장 없는 처지에
그저 서로 바쁘다는 핑계로 그런 줄이나 알고 살면 되겠지
사연이야 알 길 없지만
이산 저산 풀빛 휘모리장단으로 분주하고
나무들은 하늘에서 푸른 물감을 찍어
바람에 넘실넘실 편지를 쓴다
봉투에는 마음 푸른 자 입납이라

봄바람 유희

종일 바람과 놀았다
나도 바람이 되었다
앞으로 마구 달려가거나
아무데나 털썩 주저앉거나
여덟 팔 자로 사지를 뻗어 하늘을 보고 누워있거나
누워서 혼자 터무니없는 말을 중얼거리거나
방금 사서함에서 꺼내온 문학잡지에서
아는 이들의 시와 단편 소설 하나를 건성으로 읽다가
던져버리고 잠깐 졸거나
부엌을 뒤져 아침에 먹다 남긴 수제비 국을 데워 먹거나
뒷짐 지고 뒷동산에나 올라 건들거리다가 후닥닥
발정 난 수캐마냥 뛰어 내려가 봄이 어디쯤 왔는지
들판 여기저기 봄 똥구녕에 코를 쑤셔 박고 킁킁거리면서
종일 바람과 놀았다
바람은 바람대로 놀고 나는 나대로 놀았다
둘인데 혼자 놀고 혼자인데 둘이 놀았다

찔레꽃 편지

언제는 수수꽃다리 그 들척지근한 냄새로
사람 환장하게 하더니
오늘, 바람이 와서 전하는 말이
귀에다 대고 살랑살랑 살 냄새 풍기며 하는 말이
아직 아까시향 가시지 않은 젖은 머릿결로
다가와 하는 말이
코끝을 살살 간질이며 하는 말이
있잖아요. 조오기 산 밑에 아니, 거기 말고요
양짓말 넘어가는 길 작은 도랑 옆에 거기 조금 위에요
어떤 사람이 왜 그 '찔레꽃 향기느으으은……' 하다가
한참 뜸 들인 뒤에 '너무 슬퍼요오오오' 하는
바로 그 꽃이 피었어요 정말 슬퍼서 무슨 일이라도 낼 것처럼
'그으래서 울었지이 목놓아아 울었지이
밤새워어 울었지이이이' 하는
바로 그 꽃이 하얗게 피었어요
말 떨어지자마자 나는 그냥 아득해졌다
멀리서 뻐꾸기 운다
그래 사람 환장하게 하는 오월이다
나도 '그으래서 울었다아아 밤새워어 울었다아아'

생강나무

동안거 끝나도 소식 없더니
절 마당에 산수유 피자 절 아래 생강나무도
깜냥껏 노오란 꽃편지 곱게 하늘에 썼다

개동백이라고 동백이 부러우랴
동박새 아니 온다고 무어 아쉬우랴
몸에서 매운 생강 맛 난다고
어디 탓할 일이랴

산다는 건 너 나 없이 매운 법이라고
매울수록 빛깔 곱게 나는 법이라고
아마 그렇게 썼을까
우리도 더 맵게 살면 꽃편지 몇 줄
봄 하늘로 띄우고 싶어질까

봄 나비의 꿈 1

나 이 다음에 세상 올 때는
저기 저 갓난이 되리

봄 산 어미 벚나무 젖을 빠는
아기 벚꽃 되리

젖내 풀풀 나도록 흐드러지게 빤 후에
졸음에 겨워 덜컥 고개를 꺾으며
어미 품에 안기리

봄이 다 가도록 깨지 않으리

봄 나비의 꿈 2

산에서 들에서 강에서
꼬물거리는 저 어린 것들의
어미젖 빠는 소리
아, 저 봄날의 옹알이
통통 부어오른
저 봄날의 젖가슴
아니 가고 어이 하리
나도 가자
나비야 가자
재 너머 청산에 나도야 가자
흰 나비 노랑나비 쌍쌍으로 날아서 가자

밤을 줍다가

밤을 줍다가
밤 가시에 손을 찔렸다
소스라치게 놀라 정신이 번쩍 들었다

밤꽃 흐드러지던 봄밤의 살 내음을 아직도 나는 기억하나니
그 순결한 사랑을 지키자고
너는 이다지도 사나운 가시 옷을 입었구나

우리 또한 그러하리라
우리 또한 서로가 모르는 사이에
아픈 사랑을 익게 하여
제 가슴 산자락에 알밤처럼 하나 둘
내려놓고 있으리라

제4부

별똥별

별똥별
별
심재(心齋)
소요유(逍遙遊)
생일
어머니의 소설
어느 옛 절 은행나무 아래서
조선시대 어느 환쟁이의 종적
가을 소풍
전라도 가을 산
세상의 경계
감을 따다가
다섯 살 너에게

별똥별

그리운 사람아
어쩌다 오늘처럼 그리워 못 견딜 때에는
밤하늘에 별이 되자

수많은 날 켜 놓은
밤하늘의 등불 가운데
어느 것 하나 아리지 않은 것 있으랴

그리운 사람아
그리운 밤마다 편지를 써서
별마다 별마다 달아 두었다가
오늘처럼 못 견딜 때에는 별똥별 되어
우수수 우수수 꽃잎처럼 쏟아진들 어떠랴

별 지는 밤에도 세월은 흘러
언젠가는 눈물도 설움도 아무렇지도 않으리니
축제인 양 밤하늘에 빛나는 별똥별 되어
바람에 지는 꽃잎처럼 휘어이, 휘어이
길 떠나 보자

붉은 꽃잎에 물든 별똥별
노래가 되자

별

별은, 별이라서 아름다운 것이 아니다
아득히 멀리에서 빛나기 때문이다
그리움만이 이를 수 있는 그 거리 때문에
멀어서 더욱 간절히 빛나기 때문이다

추억 또한 그런 것이다 조금씩 멀어지면서
유년의 골목길 같은 어렴풋한 그리움이다가
서로 닿을 수 없는 아득한 거리에 이르렀을 때
어느 순간에 별이 되어 반짝이는 것이다

누군가 그리울 때마다 추억은 별이 되고
그리운 가슴은 까만 밤이 되어 별을 품으리라
그 어딘가에 가끔은 알 수 없는 곳으로
별똥별 되어 내리기도 하리라

심재(心齋)

뜰 아래 감나무 한 그루

밤새 흰 눈 펑펑 내리고
신새벽

그대 이미 빈 마음
고요하구나

소요유(逍遙遊)

바람이 분다
흔들리는 나무
아래
꽃잎 하나 진다

생일

어릴 적 어머니께서는 아랫목에 가지런히 볏짚을 깔고
그 위에 정성스레 시루떡과 수수팥떡을 빚어 놓고
참기름을 발라 구운 김과 함께 미역국을 끓여
눈부신 흰쌀밥으로 아침을 차려 주셨다

그러나 사는 동안 흰쌀밥 같은 날들은 많지 않았다
그래서 그러셨을까 다른 건 몰라도 수수팥떡만은 꼭
먹어야 한다고 기어코 한두 개를 입에 넣어주셨다
그래야 넘어지지 않는다고 그래야 탈이 나지 않는다고

오늘 백설기 같은 하얀 눈이 때 맞춰 내리고
그 위에 혼자서 늦은 생일상을 차린다
노래는 없어도 좋다 그저 내리는 눈밭에
내 발자국 몇 개 찍어볼 수 있으면 그만

생일이란 그런 것이다
살아갈수록 쓸쓸한 생의 목덜미에
빛바랜 털목도리 하나 걸어 보는 것

촛불 하나 밝혀 두고서
살아온 날들에 대하여
조금은 미안한 마음도 가져 보는 것

어머니의 소설

어머니는 마침내 그 소설을 다 쓰셨나 모르겠다
동지섣달 긴 긴 밤 잠 못 이루고
책으로 쓰면 열 권도 더 된다는 남 몰래 가슴에 넣어 둔
그 파란만장한 이야기를 마침내 다 쓰셨는가 모르겠다
어쩌면 밤하늘에다가 별처럼 촘촘하게 적어놓으셨는지도
모르겠다
어머니는 학교 문턱을 그리 오래 넘어 다니지 않으셨으니
애초에 글로는 쓸 엄두를 못 내시다가
아하, 마침내 하늘의 별들을 바라보시다가 그만
눈물이 나는데, 별처럼 아롱아롱 반짝이는데
그 속에 방울방울 살아온 평생의 이야기들이 펼쳐지는데
그게 그만 소설 나부랭이 같은 것들하고는
비교도 되지 않아
그대로 반짝이도록 걸어두셨는지도 모르겠다
아마 그랬을 것이다 그랬을 것이다
그러고는 모처럼 깊은 잠을 곤히 주무셨을 것이다
그 많은 별들을 이불처럼 덮어쓰고는
꿈인 듯 그 긴 긴 이야기를 읽고 또 읽고
그러다가는 피식 웃으시며 별똥별처럼
그만 잊으셨으리라

어느 옛 절 은행나무 아래서

불립문자! 앉은 자리 천 년!
오늘은 금빛 가사 걸쳐 입고
저녁예불 부질없다 한다
지는 해나 바라보라 한다

나그네는 잠시 앉아
땀이나 식히고 가라 한다
떼새들 그 소식 아는지
부리마다 저녁노을을 물고
대숲으로 날아들고

조선시대 어느 환쟁이의 종적
— 오원 장승업

세상에 나서
술 한 잔 마시고
그림 몇 장 그려 놓고
홀연히 종적을 감춘 사람

세상을 뛰쳐나와
그림 위에 뒹굴다가
제가 그려 놓은
그림 속으로 들어간 사람

바람을 붓 삼아 세상을 화폭 삼아
산천 경계 없이 떠돌던 사람

그였을까 오늘 강가에
빈 배와 오래 된 버드나무와
짙은 안개를 그린 이

가을소풍

이렇게 좋은 날엔 소풍을 가는 거라고
출근 버스 일부러 놓쳐버리고
정처 없이 그냥 떠나는 거라고
들판을 가로질러 산길로 접어들면서는
넥타이도 끌러버리고
새로 사 입은 다림질한 양복도 벗어던지고
단풍든 나뭇잎들이 바스락거리며
반갑게 인사를 하거들랑
신발도 벗고 양말도 벗고
벗을 수 있는 것들은 다 벗고
알몸으로 숲이 되어 숲 속을 거닐다가
숲 속에서 길을 잃고
까무룩 잠도 들어보는 거라고
가을에는 소풍을 떠나는 거라고
꿈인지 생신지 은행나무 한 그루가
저만 그리해도 그만인 것을
가으내 나를 붙잡고 흔들어댄다
이렇게 좋은 날엔 소풍을 가는 거라며
발밑에 노오란 양탄자까지 깔아 놓고서는
등을 떠민다

전라도 가을 산

시방 쟈들이 뭣하는 짓거리다냐
오매 차려입은 꼬락서니 좀 보소이잉
빨강치마 노랑치마 울긋불긋 연지곤지
춘향이가 왔다가 울고 가겄소잉
햇살마저 떽떼구르르 온 산을 굴러댕기고
워저그르르 요란한 폼이 어느 논다니
초혼제라도 한 판 징허게
올릴 참인가 보제이잉?

세상의 경계

내가 일하던 시골 중학교에 한 아이가 있었다
그 녀석은 원인불명의 후천성 청각 장애아다
귀에다 대고 벼락같이 큰 소리를 지르지 않으면
못 알아듣는다
그 아비는 산골마을 개척교회 목사이고
그 녀석은 그 집의 장남이며 동생이 셋이나 된다
그래도 그 녀석은 잘 웃는다
웃으면 보조개도 생긴다
어느 날 그 그 녀석이 불쑥 책 한 권을 내밀었다.
읽고 싶은 책이 있었는데 학교 도서실에는 없어서
그 내용이 하느님 주머니 속처럼 궁금해서 사서 읽었다며
저는 다 읽었으니 다른 아이들도 함께 읽었으면 좋겠다고
학교 도서실에 기증을 하겠다는 것이다.
살포시 웃으면서 아, 이 엉뚱한 녀석이
정작 저 자신도 사는 게 넉넉지 않아
아직 그 허름한 보청기 하나 마련하지 못했으면서
그래서 늘, 학교 수업 시간에도
소리 끊어진 혼자만의 세상에서
파도만 철썩이는 바닷가의 아이처럼 혼자 놀다가

그러다 저 혼자 세상 밖으로 걸어 나갔을, 그
외톨박이 녀석이 책을 기증하겠단다
이럴 때 말이란 참 구차하다
세상은 왜 이런 것인가 라는 질문도 참 쓸모없다
그 녀석은 웃으면서 책을 가져왔고
나는 속으로 울면서 책을 받았고
얼마 후 세상은 다시 침묵 속으로 가라앉았다
그 녀석은, 이 웃음 많은 녀석은
가난한 살림에 빵 대신 책을 사다 안긴 제 아비의
떨리는 손을 보고 진즉에 알아버린 것일까
세상엔 기도나 탄식 따위로는 해결할 수 없는 일들이
참 많다는 것을
어쩌면 지금 보다 훨씬 더 어린 나이에
이 어이없는 세상을 용서하기라도 한 것일까
그렇지 않다면,
그렇지 않다면 그 녀석의 웃음은
이 세상의 것이 아니다
이 세상의 것일 수 없다

감을 따다가

　이 집 주인 말이야. 학교는 근처도 못 가본 일자무식이잖아. 아, 그런데 운전면허에 딱 붙었다잖아. 마흔 아홉에 얻은 늦둥이 아들 녀석 하나 어떻게든 가르쳐 보겠다고 맨몸뚱이 소 부리듯 하며 그렇게 애를 쓰더니 어느 날은 아차 싶었던가봐. 하나뿐인 몸뚱이 부서져 못 쓰게 되면 큰일이겠거든. 아, 뭐 쥐뿔이나 가진 게 있어야지. 그래도 궁하면 통한다고 운전 기술을 배우면 되겠다 싶었나본데 아, 그런데 그게 어디 생각처럼 쉬운 일인가. 일자무식 까막눈이니 그래 가지고 시험장에 원서라도 낼 수 있었겠냐고. 아, 그런데 그걸 했다는 거 아닌가. 하여튼 혼자서 어떻게 했는지 한글을 깨우치더니 재수 삼수 십수 끝에 드디어는 운전 면허증을 손에 딱 받아 쥐었다는 거 아닌가. 아마도 심청이 아버지 심봉사 눈 뜬 거보다 더 기쁘지 않았을까 싶네. 그도 그럴 것이 이제 늙어 힘이 좀 빠지더라도 자식 뒷바라지 할 묘책을 하나 건진 셈이니 왜 안 그렇겠나. 그 덕에 이 양반 지금 나이가 벌써 예순 여섯인가 일곱인데도 거름 차 몰고 나가 이 밭 저 밭 거름 실어다 주며 돈 잘 벌고 있잖은가. 그래서 그런지 이 집 감나무에는 철마다 주렁주렁 감도 잘 열어. 아들 녀석 대학까지 가르친다나봐. 나무들도 뭘 좀 아나보지?

다섯 살 너에게

다섯 살 너에게 나는 그저
네가 매달릴 만한 높이의 키 낮은 산사나무이거나
네가 좋아하는 보랏빛 열매 좀작살나무 울타리그늘이거나
한 손으로도 주무르며 놀 만한 앙증맞은 조약돌이거나
깔깔거리는 너에게 간지럼을 태워줄 강아지풀이거나
가녀린 손목위에서 동화 나라 문을 여는 토끼풀 꽃이거나
다섯 살 너에게 나는 그저 무엇으로나 그 옆에 있다가
네가 부르는 대로 이름 붙여져
나도 딱 다섯 살이면 좋겠다

들녘에 푸른 이파리 다시 피어날 때마다
함께 노래 부르고
가끔은 그저 가만히 누워 푸른 하늘을
마음껏 바라보다가
노래가 지나는 길목마다 피어나는 작은 들꽃처럼
아무도 모르게 속으로만 좋아서 어쩔 줄 몰라 하다가
좋아서, 좋아서 거기 그냥 시들어도 좋겠다

다섯 살 너에게 나는 다만 천진한 고추잠자리가 되거나

시냇물 졸졸 흐르는 거기 어디쯤

두 서넛 징검다리 위를 건너는 실바람 고운 머릿결
살랑살랑 흔들리는 너의 뒷모습을
나는 다만 억새풀 너머로
가만가만 보고만 있어도 좋겠다
네가 보이지 않을 때까지

아, 다만 나는 아직 다섯 살 너에게
이 고백의 편지를 어떻게 보내야 하는지를 알지 못하여
밤마다 별빛 바다를 건너 머나먼 사막에서 물을 길어와
너의 정원에 장미 나무를 심는다

그리 멀지 않은 훗날에
내 말의 씨앗을 잉태한 너의 어린 장미가
붉은 꽃망울을 터뜨리면 네가 제일 먼저 달려와
붉은 꽃잎에 맺힌 투명한 이슬을 보게 되리니, 그 날
드디어 너는 장미 꽃잎에 물든 내 말의 향기를 알고
아침햇살처럼 환하게 웃으면서

꽃잎에 적은 내 고백의 편지도 함께 읽게 되리니
다만 그 때도 나는 언제나 그랬듯이
너의 옆에 한쪽 무릎을 세우고 앉아
너랑 키를 맞추어 나란히 있고 싶구나

다만 밤하늘의 별똥별보다 더 많이 쏟아지는
너의 말들을 하나하나
장미꽃 향기와 함께 예쁜 바구니에 담아주고 싶구나

제5부

바람의 뜰

바람의 뜰
강을 지나며
우리 동네 뒷동산
산길을 가다가
선운사 가는 길
작은 일
학에게 묻다
푸른 눈동자
상수리나무에게
만리포에서
바다가 보이는 풍경
목백일홍 한 그루
바람의 말
풍등

바람의 뜰

숲이 일렁이고 바람이 붑니다
나뭇잎 하나가 마지막 인연의 매듭을 풀고 공중을 날아
바람이 되어 내려옵니다
언젠가는 나도 저녁노을 아름다운 날
내게로 와 맺힌 인연의 매듭을 풀고
방금 내린 나뭇잎의 곁이거나
멀리 강이 보이는 풍경 좋은 한적한 산 밑에
내리고 싶습니다

청설모 한 마리가 늦잠을 자고 나와
햇살 한 토막을 아무렇게나 끊어서
제 집으로 가지고 들어갑니다
집이라고 해야 겨우 쪽잠이나 자는 곳이지만
워낙 비밀스러워 아무나 드나들 수는 없습니다
없습니다 울타리도 없고 골목길도 없고
복잡한 번지수도 물론 없습니다
여기서는 길을 모르면 그냥 하늘을 봅니다
하늘에는 모든 길이 다 있습니다 그래서 별들도
밤마다 하늘에 와서 길을 찾곤 합니다

밤에 하늘에서 별이 반짝이는 것은
길을 찾았다는 신호입니다
누구나 마음만 먹으면 밤하늘에 올라가
저마다 그리운 사람에게
길을 찾았다는 신호를 보낼 수 있습니다 못 믿겠다면
오늘밤이라도 당장 마당에 나가
밤하늘을 올려다보시기 바랍니다
단, 마음이 간절해질 때까지 조금 오래
서 있어야 합니다

소나무들은 바위너덜에 가부좌를 틀고 앉아
오늘도 묵언 수행 중입니다
늙은 노송의 발밑에는
제 잎을 따서 바람과 나눈 필담이
나이만큼 수북이 쌓여있습니다
수행의 용맹함으로는 떡갈나무가 으뜸입니다
떡갈나무는 이른 봄에 떡 벌어진 가슴팍에
초록의 화두를 품었다가
가을바람이 불면 한꺼번에 우르르 으르르

피를 토하며 뱉어냅니다
여기서는 누구나 말 대신에 마음으로
그림을 그려서 보여줍니다
덕분에 산에는 철철이 색다른 풍경화가 내걸립니다
각자 말없이 자기 그림만을 그리기 때문에
어떤 때는 너무 조용해서
바로 옆의 이웃도 자기 자신조차도 잊고 삽니다
모두 숲이 되어 숲에 묻혀 삽니다
그렇지만 심심치 않게 이따금 새들이 날아와
작은 부리로 적막을 쪼아
숲을 깨웁니다
진달래도 철쭉도 엉겅퀴도 울긋불긋 깨어나고
겨우내 얼었던 계곡 물도 때를 기다렸다가
우렁우렁 깨어납니다

다시 바람이 붑니다
숲이 일렁입니다 천 년의 세월이 나뭇잎을 타고
팽그르르 돌며 바람의 뜰로 내려옵니다

강을 지나며

강은, 흘러오면서 그저 흐르는 대로
그냥 아래로만 흐르면 된다는 것을 알면서도
한 순간도 제 흐름에 몸을 맡겨 깊어지지 못하였다

조금만 느리면 빨리 가기 위해
성을 내며 길을 재촉하였고
그러다 조금이라도 빨라지면 이번에는
또 너무 빠르다고 아우성을 치곤했다

강폭이 좁으면 좁아서 탈이고
넓으면 넓어서 탈이었다.
굽이진 곳에서는 공연히 강기슭을 할퀴며 지났고
곧은 강줄기를 지날 때는 멋대가리 없이 심술이 나서
강바닥만 후벼 파곤 하였다

저 먼 강기슭의 능수버들 아래
청을 찢는 대금소리나
굽이진 강마을의 저녁연기 같은 멋진 풍경은
꼭 다 지나고 난 다음에야

생각이 나는 것이었다.

다 지나고 난 다음에야,
그리움으로 다 저물고 난 다음에야

강은 비로소 제 생의 마지막 노래를
저녁노을 속에 묻으며
그때서야 비로소 몸을 쉬며
바다가 되는 것이었다
바다가 되는 것이었다
파도가 되어 돌아오는 것이었다

우리 동네 뒷동산

에베레스트만 산이 아니다
크고 멀리 있는 것들만이 산이 아니다
산이 아니다
도도해서 쉬이 길을 내어주지 않는 그런 산은
산이란 모름지기 우리 동네 뒷동산 같아야 한다
먼 기억 속의 외할머니 등처럼 살짝 굽어서 어쩐지 정겹고
너덧 살배기 동네 아이들까지 만만하게 덤벼들어도
그저 허허 웃으며 길을 내어주는
내 어릴 적 우리 동네 뒷동산 같아야 한다
산 아래선 볼품없어도 한 걸음 두 걸음 다가갈수록
제법 깊어져 계곡도 하나쯤 거느리고
그 옆에 은근한 곳에 난도 하나 쳐 놓고
딱새 둥지 박새 둥지 아무도 모르게 숨겨주고
눈길 닿는 여기저기 심심치 않게 둥굴레 매발톱 현호색
양지꽃 그리고 아직 이름도 얻지 못한 것들도
한 살림 차려주고
늙은 소나무 아래 바위 하나 내려놓고
다람쥐 몇 마리 놀게 하고
장끼 까투리 금실 좋게 앉았던 자리에는

산벚나무 꽃비도 뿌려주고
어, 어 이게 제법 높네? 하면서 오르다가
잠시 바위너덜에 앉아
사는 일이 생각같이 녹록지만은 않음을 깨닫게 해 주던
저녁상에 놓으라고 잘 말렸다가 제사상에 놓으라고
취며 고사리며 도라지 원추리 이런 저런 산나물도 가끔
내어주던
산 자에게도 죽은 자에게도 똑같이 길을 내어주던
우리 동네 뒷동산 같아야 한다
누구에게나 만만하게 보이는
그런 산이 진짜 산이다

산길을 가다가

산길을 가다가 애벌레 한 마리 만났다
홀로 가는 산길에서는
개미 한 마리 독버섯 한 송이도 반갑다
숲에서는 마주치는 것들끼리
서로 숲이 되어 주기에 남 같지 않다

아직 날개를 얻지 못한 저놈은 나비일까 아니면
붉은 고추잠자리쯤일까 어쩌면 목마른 날의
또 다른 나일까

그는 어쩌다 편안한 나뭇잎 위 적당한 그늘을 버리고
마른 땅에 홀로 떨어져 허겁지겁 길을 가는 것일까
그 길의 끝에 이르러 드디어 그는 제 몸을 부수고
날개 한 쌍을 얻는 것일까

참나무 위에서 매미 한 마리가 귀청을 때린다

나도 나의 길이 끝나는 그 어디쯤에서 날개 하나 얻어
다시 이 숲으로 날아와 노래 부를 수 있을까

선운사 가는 길

가자
선운사 가자
선운사 동백꽃 보러 가자
간밤에 길 잃어 길주검*으로 흩뿌려진
혹, 어린 짐승들 붉은 넋 거기 먼저 와 있는지

가자
선운사 가자
선운사 동박새 우는지 보러 가자
꽃 진다고 꽃 진다고
붉은 눈물 뚝 뚝 흘리며
동박새 우는지 보러 가자

가자
선운사 가자
꽃 다 지도록
괜찮다고 괜찮다고
바람 부는지 보러 가자
그 바람에 기대어

내 슬픔도 한 짐 부려놓으러
가자 선운사 가자

* 길주검 : 로드킬을 의역함.

작은 일

나이 들수록 점점 옹졸해지는 걸까
작은 일에 자꾸 마음 쓰이고
작은 일에 욕심내고 맘 상하는 일이 점점 많아진다
그런 날은 내가 미워져서 밤새 잠 못 이루며 뒤척이고
그럴 때마다 불면의 바다는 거센 파도를 몰고 와
내 상처의 흰 뼈가 드러나게 하였다
희뿌연 안개가 아린 상처를 감싸는 새벽녘에야 파도는
모래가 되어버린 내 흰 뼈의 조각들을 어루만지며
다시는 작은 일 때문에 맘 상하지 말라고
더는 옹졸해지지 말라고
나직나직 속삭이지만, 속삭이며 돌아가지만
작은 일로 지지고 볶는 게 사람살이인 것을
세상사 작은 일 큰 일이 따로 없는 것을
작은 일이 큰 일이고 큰 일도 지나고 나면
다 작은 일인 것을
누구도 제 생의 깊은 곳에 금을 그어
나이테를 간직하기란
결코 쉽지 않다는 것을, 파도는 정말
모르고 그러는 것이었을까

학에게 묻다

때로는 그리움도
독이 되나니

그 어떤 몸짓과 눈빛과 손길로도
풀 수 없는 독이 되나니

그리워, 그리워 모가지가 길어진 새여

너는 그래서 강가에 홀로 나가
외발로 서는 버릇이 생겼느냐

푸른 눈동자

참 살가운 이웃이네
떨어진 잎들이 모여 서로 부둥켜안고
체온을 나누고 있네
고요하네
가슴이 뜨거워지네
오늘 겨울 숲에서
안으로 안으로 타들어가며 부르는 사랑 노래를
숨 죽여 들었네
오늘 겨울 숲에서 나는
겨우내 그것들의 곁을 지키는 키 작은 인동초
푸른 눈동자를 보았네

갑자기 붕어빵 하나 먹고 싶어지네
호호 불며 먹다가 입천장 살짝 데고 싶네
달구어진 무쇠 붕어 배를 갈라 기름 척척 바르고는
주린 뱃속으로 슬픔인 양 반죽을 짜 넣고
화장기 없는 투박한 손으로
이글거리는 연탄 불 위에서 갓 구워낸
붕어빵 하나 사 먹었네

포장 안으로 얼굴 밀고 들어가 적당히 눙치고
어묵 국물도 조금 얻어 먹었네
얼었던 몸이 봄눈처럼 녹아내리네
가슴이 뜨거워지네
산에서 보았던 인동초 여기도 있었네
서둘러 돌아가네
붕어빵도 한 봉지 가져가네
푸른 눈동자 만나러 가네

상수리나무에게

어느 날 숲 속에서
상수리나무에게 물었다

슬픔도 열매가 되니?
너처럼
그냥
툭!
내려놓으면 되니?

그러면 나도
숲이 될 수 있니?

만리포에서

서해 어디쯤 노을 지는 포구에 내려
나 또한 길을 잃어도 좋으리
수평선 너머로 출렁이며 마지막 길을 떠나는
금빛 노을을 따라 나 또한 얼마쯤 더 반짝이다
까무룩 잠들어도 좋으리
한 천 년 잠들어 있어도 좋으리
파도가 나를 다시 깨우지만 않는다면
파도가 나를 불러 다시 또 길을 떠나라고
길 떠나라고 별빛이 되어
밤새 소곤거리지만 않는다면
그래도 좋으리
서해 어디쯤 노을 지는 포구에 짐 부려 놓고
그만 길을 잃어도 좋으리

바다가 보이는 풍경

기왕이면 바다가 보이는 풍경이면 좋겠다
내 인생의 마지막 그림은
한 마리 나비로 날아
꿈속 꿈이나 꾸다가
기왕이면 바다가 보이는 풍경 속에
눈 떠도 꿈인 줄 모르게
아주 깊이깊이
상감으로 새긴다면 좋겠다

초등학교인지 중학교인지
쓰다 만 스케치북에 있는 몇 장의 그림처럼
내 인생은 여전히 미완성이고
어떤 것은 진하게 가위표가 되어 있고
어떤 것은 아예 검게 지워져 있어
단지 지난 시절의 추억이 아니라면
추호도 볼품없는 것이긴 하지만

그 빈자리를 찾아 마지막 내 인생의
그림 하나를 끼워 넣어도 된다면

기왕이면 이번에는
바다가 보이는 풍경이면 좋겠다

목백일홍 한 그루

죽어도 아니 눈물 흘리우리다

죽
어
도

목백일홍 한 그루 봄부터 오체투지 하더니
실핏줄마다 터진 살
팔월 불볕 하늘에
꽃이 되었다

장하다

바람의 말

이제쯤에는 당신과 내가
나무이거나 흙이거나 그러면 좋겠습니다
그냥 그렇게 함께 있으면 좋겠습니다

당신과 내가 이쯤에서는 가끔씩
문득 내리는 단비 같은 거라면 좋겠습니다

때로는 함께 작은 나무 위에서
나뭇잎으로 오선을 그리며
꿈엔 듯 피아노를 연주할 수 있다면
그것도 좋겠습니다

그렇게 당신과 내가 무심한 듯 살다가
꽃 피는 것도 보고 열매 맺는 것도 보면서
세월도 한참 잊었다가 문득 돌아보는 어느 날
어린 나무 하나 손 흔들며 따라오는 것을 바라보는 것은
그 따스한 어린 손을 잡고 함께 길을 갈 수 있다는 것은
그것은 또 얼마나 좋은 일이겠습니까

잊혀 지기 전에 얼른 머리맡에 적어 두었다가
새롭게 눈 뜨는 매일 아침마다 아무 일 아닌 듯이
몰래 당신 귀에 대고 속삭여줘야겠습니다

풍등

금년 우리 집 풍등에는
아무것도 적지 않았으면 좋겠구나
마침내 아쉬운 작별의 손을 떠날 때
바람처럼 가벼워져
너의 눈빛으로만 하늘로 올라
거기 순결하게 빛나는 별이 되면 좋겠구나

그래서 네가 다시 부르면
돌아와 별똥별 되면 좋겠구나
색즉시공 공즉시색 불립문자 연꽃 얘기는
이제 그만해도 되겠구나
처음부터 우리 마음에 다 있었으니까
없어도 괜찮았으니까
피 철철 흐르는 입설단비도, 다
부질없는 짓이었으니까

아무것도 적지 말자꾸나
그래야 진짜 풍등이니까
그래야 마음만으로 눈빛만으로

무거운 몸 높이 높이 바람에 날려
네 눈빛 닮은 반짝이는 별이 될 테니까
그래야 네가 다시 부르면
돌아와 순백으로 반짝이는 별똥별
진짜 풍등이 될 테니까
감나무나 한 그루 심자

시인의 말

시인의 말 1 | 작품 해설

마음 가는 대로

김시천

　나는 노자의 『도덕경』을 좋아한다. 좋아한다는 말은 어떤 철학적 가치 판단이 아닌 정서적 공감을 한다는 말일 것이다. 「바보, 꽃잎에 물들다」는 내가 쓴 가장 최근의 시이다. 내 생각으로는 이 시가 노자의 마음에 정서적으로 많이 공감할 수 있는 시 중의 한 편일 거라 본다. 이 시는 내 마음이 아주 고요할 때 살포시 작은 파문을 일으키며 내 마음 위로 문득 솟아났기 때문이다. 물론 이것은 저절로 우연히 생긴 것은 절대 아니다. 내 마음 속에서 깊게 소용돌이치던 어떤 생각들이 "어떤 것을 행함(인위)"의 차원에서 "아무 것도 하지 않음(무위)"의 차원으로 곰삭아 생긴 필연의 결과일 것임을 알기 때문이다. 나는 이런 시를 좋아한다. "노을이 하늘에 물드는 것 같은" "꽃에 꽃물이 드는 것 같은".

　　그냥 물들면 되는 것을

그냥 살포시 안기면 되는 것을
저절로 물이 들 때까지 기다리면 되는 것을

사랑한다고 사랑한다고
말로만 요란하였구나
그만, 바보짓을 하였구나

그냥 물들면 되는 것을
노을이 하늘에 물드는 것처럼
꽃에 꽃물이 드는 것처럼

그냥 꽃잎에 기대어
가만히 가만히 물들면 되는 것을
사랑한다고 말하지 말고
그냥 당신에게 물들면 되는 것을
—「바보, 꽃잎에 물들다」전문

　나는 시도 마음공부의 하나라고 생각한다. 원효는 '일체유심(一切唯心)'(모든 것은 마음에서 비롯됨)을 말했고 장자는 '심재(心齋)'(마음 씻기, 마음 비우기)와 "좌망(坐忘)(나를 잊기)"을 말하였다. 마음이란 것은 참으로 오묘해서 갈피를 잡기가 어렵다. 다음 달마의 게송을 한 번 읽어보자.

> 心心難可心　마음이여 마음이여 정말 찾기가 어렵구나
> 寬時遍法界　너그러울 때는 온 세상을 포용하더니
> 窄也不容針　좁아지면 바늘하나 꽂을 자리 없구나

나 또한 '마음공부'란 말을 좋아한다. 나는 시가 그 '마음공부'의 아주 훌륭한 재료가 된다고 믿는다. 마음은 오히려 말랑말랑한 것이어서 논리나 철학으로 접근할 때보다 정서적으로 접근했을 때 쉽게 그 출구를 찾을 수도 있는데 시는 그 좋은 예가 될 것이다. 그래서 종종 내 시에는 마음의 출구를 찾는 내용이 등장하기도 한다.

> 불립문자! 앉은 자리 천 년!
> 오늘은 금빛 가사 걸쳐 입고
> 저녁예불 부질없다 한다
> 지는 해나 바라보라 한다
>
> 나그네는 잠시 앉아
> 땀이나 식히고 가라 한다
> 떼새들 그 소식 아는지
> 부리마다 저녁노을을 물고
> 대숲으로 날아들고
> 　　　　　　─「어느 옛 절 은행나무 아래서」 전문

신발을 도로 신으라 한다

아주 벗어버리고 떠나고 싶은 나에게

돌아가라 한다

돌아가 세속의 바다에 무거운 돌처럼 가라앉아 버려라

한다

썩어 가랑잎처럼 되거들랑

그 때나 한 번

다시 오라 한다

　　　　　　　　　—「신륵사에서」* 중에서

사람의 손닿은 것 중에

그 소리 하나

비리지 않구나

나도 떠나면 그리 될까

떠나 거기 매달려 있으면

내 몸의 비린 내음

다 가셔질까

　　　　　　　—「그 절에 풍경소리」** 중에서

마당 구석에 봉숭아 피더니

---

* 김시천 시집 『떠나는 것이 어찌 아름답기만 하랴』(내일을여는책, 1995)
** 김시천 시집 『마침내 그리운 하늘에 별이 될 때까지』(문학동네, 1998)

보지 않는 사이
혼자서 진다

피고 지는 것이
봉숭아뿐이 아니건만

꽃잎 떨어진 자리에
내 마음도 떨어져

붉은 눈물 한 방울
노을에 걸려 있다

— 「봉숭아」* 중에서

달마는 달을 보지 않았으나
스스로 밝았다
그 마음에 달 떴음이라

제 마음에 달 있는 줄
모르는 자
바람부는 날 솔숲에나 가 보아라

---

* 김시천 시집 『마침내 그리운 하늘에 별이 될 때까지』(문학동네, 1998)

가서오지 마라
제 마음에 뜨는 달
보기 전까지는

―「달마」* 전문

마음은 흐른다. 정서적으로 민감하다. 내 마음은 계절을 잘 탄다. 누구나 비슷하겠지만. 특히 내 마음은 봄철에 잘 움직인다. 그래서 내 시에는 '봄'이라는 '마음 씨앗'이 시가 된 것들이 많은 편이다. 이 번 시집에서는 3부에 '봄의 마음 씨앗'들을 모아 보았다. 봄은 침묵과 죽음의 땅 겨울로부터 생명을 가져오는 어쩌면 기적 같은 놀라움의 계절이기 때문이리라. 어찌 이 기적의 땅에서 피어나는 꽃들을 보고 꿈꾸고 노래하지 않을 수 있으랴.

나 이 다음에 세상 올 때는
저기 저 갓난이 되리

봄 산 어미 벚나무 젖을 빠는
아기 벚꽃 되리

젖내 풀풀 나도록 흐드러지게 빤 후에

* 김시천 시집 『늙은 어머니를 위하여』(내일을 여는 책, 2003)

졸음에 겨워 덜컥 고개를 꺾으며
어미 품에 안기리

봄이 다 가도록 깨지 않으리
—「봄 나비의 꿈 1」 전문

 또 하나 나의 지향은 '마음 내려놓기[放下着]'이다. 일상에서는 그러나 그게 마음대로 되지는 않는다. 그럴 때 시를 통해 '마음 내려놓기' 연습을 하면 그래도 조금은 도움이 된다. 앞에서 말한 대로 시는 마음의 출구가 될 수 있는 아주 좋은 재료이기 때문이다. 시는 닫혀 있는 마음에 문을 낼 수 있는 아주 훌륭한 도구이기 때문이다. 앞에서도 언급한 장자의 '마음 씻기', '마음 비우기' 즉 '심재(心齋)'와 '좌망(坐忘 : 나를 잊기)'는 내 시의 중요한 모티브이기도 하다.

얼마나 더 나를 버려야
얼마나 더 많은 강을 건너야
먹향만 남아
언젠가 첫눈처럼 오실 당신을 기다려
진한 그리움으로
노래 한 줄 적을 수 있겠는지요
얼마나 더 나를 비워야
얼마나 더 깊은 잠을 잔 뒤에야

솔향만 남아
언젠가 봄눈처럼 싹 터 오실 당신을 기다려
바람 한 점
당신의 곁으로 불어갈 수 있겠는지요

—「먹을 갈다가」 전문

또 하나 나의 지향은 인간에 대한 사랑이다. 사랑은 그리움이다. 어느 날 인간은 하늘의 별을 바라보면서 그 아득히 먼 곳에서 반짝이는 자신의 또 다른 영혼이 존재함을 느끼게 된다. 그것은 원초적 그리움이며 바로 거기서부터 인간의 인간에 대한 사랑은 시작된다. 초월적 자기 존재에 대한 사랑이 싹 트게 되는 것이다. 그 원초적이고 초월적 존재의 이미지인 별을 노래하면서 인간의 사랑도 시작되는 것이다. 어딘가에 자신의 영혼을 공감해 주고 이야기를 나눌 사랑의 대상을 애타게 그리워하고 찾게 되는 것이다. 그래서 사랑은 본래적으로 외로운 것이며 그 외로움이 커질수록 뜨거워지는 것이다. 그 뜨거움이 녹아 때로 눈물이 되는 것이며 마침내 노래가 되는 것이다.

그리운 사람아
어쩌다 오늘처럼 그리워 못 견딜 때에는
밤하늘에 별이 되자

수많은 날 켜 놓은
　　밤하늘의 등불 가운데
　　어느 것 하나 아리지 않은 것 있으랴

　　그리운 사람아
　　그리운 밤마다 편지를 써서
　　별마다 별마다 달아 두었다가
　　오늘처럼 못 견딜 때에는 별똥별 되어
　　우수수 우수수 꽃잎처럼 쏟아진들 어떠랴

　　별 지는 밤에도 세월은 흘러
　　언젠가는 눈물도 설움도 아무렇지도 않으리니
　　축제인 양 밤하늘에 빛나는 별똥별 되어
　　바람에 지는 꽃잎처럼 훠어이, 훠어이
　　길 떠나 보자
　　붉은 꽃잎에 물든 별똥별
　　노래가 되자

　　　　　　　　　　　　　—「별똥별」 전문

　　내 삶의 궁극적 지향은 농부이다. 들판에서 땀을 흘리며 바람과 속삭이고 흙을 어루만지며 고단한 육신을 쉬게 하는 것이다. 나는 아직 농사야말로 하늘이 내린 직업이며 이 세상에서 가장 정직한 오직 한 가지 일임을 믿는다. 흙은 우리의 궁극이며 어머니이며 노자가 말하는 '아무 것도 하지 않음'의 '함'(無爲의 爲)이 가능한 삶의 본질이다. 우리가 흙에 머무는 동안 우리가 별을 바라보고 그리워할 때마다 그 아득한 그리움의 별은 다정한 얼굴로 다시 우리 곁으로 내려와 우리 가슴 속에서 아름답게 조용히 반짝이며 빛날 것이다.

　　신새벽
　　새벽별을 바라보는
　　나의 눈빛 또한
　　별처럼 빛나고 있음을
　　알게하소서
　　밭으로 향하는그 발걸음을
　　당당하게 하소서
　　땅을 내 몸같이 섬기며
　　이름 없는 풀 한 포기 나무 한 그루까지
　　땅에서 땅으로 돌아가는
　　모든 생명들과 더불어
　　하나로 살아가는 지혜를
　　깨닫게 하소서
　　노동으로 얻은 과일을
　　가장 큰 기쁨으로 알게 하시고
　　그 과일에 묻은 땀방울을
　　가장 값진 보석으로 여기도록 하소서

그리하여 그 삶이 메마르지 않도록
이웃에게 겸손하고
모든 일에 너그럽게 하소서
소유하지 않아서 오히려 풍요롭고
그저
한 줌 흙으로 돌아가는 날까지
이 땅에 바치는 노동의 순결함으로
그 소박함으로
살게 하소서
내 작은 삶이 그리하여 마침내
시가 되게 하소서

—「농부의 기도」 전문

시인의 말 2 | 작가가 되려는 청소년에게

친구와 같이

김시천

먼저 내 소개를 하는 게 좋겠구나. 나는 너보다 조금 먼저 세상에 나서 너와 같은 나이에 너와 비슷한 고민을 하고 갈등을 겪고 상처를 입고 좌절도 하면서 어렵게 그 힘들었던 시간을 헤엄쳐 나온 어찌 보면 그저 평범한 사람이란다. 왜냐하면 그건 나만 그런 게 아니라 우리가 살고 있는 대한민국이라는 나라에서 살기 위해서는 어쩔 수 없이 통과해야만 하는 일종의 통과의례니까. 조금 다른 점이 있다면 그 험하고 고단한 시간을 건너오는데 있어서 내게는 길 잃은 사막에서 찾은 오아시스와 같던 '시'라는 것을 만나고 의지했었다는 점일 게다. '시'라는 것이 정말 그럴 수 있는 거냐고?

나는 1970년대 초에 고등학교를 다녔는데 그 때도 지금처럼 똑같이 대한민국의 거의 모든 학생들이 입시지옥으로 내몰리고 있던 상황이어서 나도 어쩔 수가 없었지. 새벽에 일어나

모래알 같은 밥알 몇 개 목구멍으로 넘기고 저녁 도시락까지 도시락 두 개 챙겨서 학교에 가면 하루 종일 화장실 갈 틈도 없이 정규수업에 보충수업에 월말고사 기말고사 모의고사 등등 온갖 시험에 파김치가 되어 겨우 목숨을 연명하고 있었으니까. 지금 생각해 보면 아찔하도록 현기증이 나고 어떻게 그걸 견뎌냈을까 하는 끔찍한 생각마저 들거든. 그 시간은 마치 길고 어둡고 무서운 터널과 같았어. 그런데 그 길고 어둡고 무서운 터널에서 나를 구원해 준 것이 있었으니 바로 그게 그나마 국어 시간에 국어 선생님께서 칠판에 적어 주시고 외게 했던 윤동주 시인의 「서시」나 이육사 시인의 「광야」 같은 시들이었어. 그 시간이 하루 중에 유일하게 살아있다는 느낌을 가지고 꿈틀거리며 무언가 생명의 희열 같은 것을 맛볼 수 있는 시간이었어. 그 때 나는 생각했지. '아, 나도 시인이 되면 좋겠다. 그런 시를 쓰며 산다면 얼마나 행복할까.'라고. 그래서 나는 희망을 갖기 시작했어. 그 터널만 벗어나면 나에게도 새로운 세상이 열릴 거라는 믿음을 가지고 마지막 안간힘을 쏟아 냈지. 결국 나는 해냈어. 그 지옥 같던 무섭고 길고 어두운 터널을 빠져나온 거야. 운 좋게 내가 희망한 대학에 합격할 수 있었거든. 대학에 들어가자마자 조금의 망설임도 없이 문학 동아리에 들어갔지.

혹, 장용학의 소설 『요한시집』을 본 적 있니? 그 소설에는 다음과 같은 토끼 우화가 있단다.

"옛날 깊은 산속 동굴에 토끼 한 마리가 살고 있었다. 어느 날 토끼는 바깥 세계를 동경하기 시작하였으나 나갈 구멍을 찾을 수 없었다. 얼마 후 자기 생일날 토끼는 창 쪽으로 발돋움해 그 쪽으로 손을 대었다. 그러자 무지개빛이던 방안이 까맣게 되며 토끼는 그 자리에 쓰러지고 말았다. 며칠 동안 일어나지 못하던 토끼는 그 창을 통해 나갈 수 없을까 하는 '위험한' 사상을 품게 되었다. 토끼는 온몸이 피투성이가 되면서 창을 통해 바깥으로 기어 나가기 시작했다. 이윽고 토끼는 최초로 바깥 세계를 보게 되었다.

그러나 토끼는 태양 광선을 견딜 수 없이 눈이 멀어 쓰러져 버렸다. 토끼는 그 후 죽을 때까지 그 자리를 뜨지 않았다. 고향으로 돌아갈 길을 영영 잃을까봐 두려웠던 것이다. 그 토끼가 죽은 후 그 자리에 버섯이 났고 후예들은 그것을 '자유의 버섯'이라고 부르며 그것에 제사 지냈다."

이 토끼 우화를 소개하는 이유가 짐작이 가니? 대학에 들어간 나의 처지가 꼭 그 토끼 같았거든. 내가 고등학교라는 그 '무섭고 어둡고 긴 터널(굴)'의 상황에서 '시'라는 창을 통해 바깥의 세계(대학)로 탈출하게 되는 과정이 어쩜 그리도 나의 처지와 딱 들어맞니. 거기까진 좋았는데 그런데 문제는 이야기 후반부였어. 나 역시 바깥세상의 광선이 너무 강렬해서 그만 쓰러지고 말았거든. 나는 대학에 들어가자마자 바로 문학에

눈이 멀어 문학에 미쳐버렸던 거야. 내게는 문학만이 유일한 세상이었으며 문학만이 절대적 가치를 지닌 구원이었으며 문학만이 나의 생명이 되어야 한다고 믿어버렸던 거지. 문학은 나의 신이 되어버렸던 거야. 잘 된 거 아니냐고? 글쎄 잘 된 일이었을까? 나는 강의실에도 잘 안 들어갔어. 강의실에는 문학이 없다고 생각했거든. 강의실보다는 학교 근처의 술집을 더 많이 찾았고. 거의 매일 술에 취해 '문학을 위해서는 목숨까지 바칠 각오가 되어 있어야 한다.' '피를 잉크 삼아 뼈를 깎아 글을 써야 문학이 된다.' 뭐, 대충 어디서 주워들은 그럴싸한 말만 지껄이며 거의 미친놈처럼 살았거든. 그럼 내가 '뼈를 깎아 피를 잉크삼아 목숨 바쳐 쓴' 나의 작품들은 어땠을까? 대단한 명작이라도 써 냈을까?

아니야. 유감스럽게도 나는 그런 작품은커녕 그럴듯한 작품조차도 쓰지 못했어. 동아리에서 합동 시화전 준비를 위해 열었던 '작품 평가회'에서 나의 시들은 선배들에 의해 난도질당해 아무것도 남지 않았거든. 한 두어 줄 남았던가? 왜 그런 일이 일어난 걸까? 눈치 빠른 친구들은 대충 짐작을 했겠지만, 그래 그건 내가 문학에 대한 열정만으로 문학을 하려고 했기 때문이지. 나는 그저 원고지 위에다 피를 쏟으면 저절로 시가 써지는 줄 잘못 알았던 거야.

그때 나는 문학이라는 것이 삶의 토양에 뿌리를 내리고 생명을 얻어 자라나는 삶의 유기체라는 사실을 알지 못했던 거야. 자신의 삶은 돌아보지 않으면서, 가꾸고 농사짓지 않으면서 원고지 위에서만 공허한 메아리를 계속해서 울리고 있었으니 좋은 시는커녕 시 비슷한 것도 나오지 않는 게 당연한 거 아니겠어? 그래서 결국 나는 토끼 우화의 마지막 부분처럼 나를 죽이지 않으면 안 되었어. 그래야 나도 '자유의 버섯'을 얻을 수 있을 테니까. 처음부터 다시 시작하지 않으면 안 되었지. 그 '자유의 버섯'을 얻기까지 나는 무척 긴 시간을 방황했던 것 같아. 대학을 마치면서 처음이자 마지막으로 시도했던 신문사 신춘문예 응모에서 탈락되면서 더욱 크게 좌절했었고 그러다 군대를 다녀오고 시골학교 국어교사로 발령을 받아 교단생활을 시작할 때까지도 나는 아무것도 얻을 수 없었어. 그 때도 나는 문학의 신기루에 사로잡혀 '나의 직업은 시인인데 교사는 단지 부업으로 하는 것일 뿐이다.'라는 터무니없는 망상을 계속하고 있었으니까.

그런데, 그러던 나에게도 어떤 변화가 일기 시작했어. 1980년대 후반이니까 교단생활 한 5년 정도가 되었을 무렵인데 시골구석에 처박혀 있던 나의 귀에도 양심과 자유와 사회정의를 외치는 민주주의를 향한 도도한 함성이 들려왔거든. 5·18 광주 민중항쟁의 진실을 알게 되고 군부독재의 음모를 알게 되고 그 투쟁의 선봉에 섰던 피 끓는 청춘들이 불꽃으로 산화해 가는 모습을 보게 되고 감옥에 갇혀 있는 이 땅의 양심과 폭정에 신음했던 이 땅의 민중들에 대한 역사와 만나게 되면서 그

때서야 비로소 나는 처음으로 나의 실존적 삶과 맞닥뜨리게 되었던 거야. 난 해직교사의 길을 선택했어. 나의 시도 원고지의 밀림에서 벗어나 내 삶의 토양에 조금씩 뿌리를 내리기 시작했지. 그것은 어떤 면에서는 원고지 위에서 죽기 살기로 씨름할 때보다는 쉬웠어. 왜냐하면 내 마음 속에 고인 대로 진솔하게 그대로 담아만 내면 되었거든. 굳이 그럴싸하게 보이려고 꾸미지 않았고 없는 이야기를 만들어 붙이지 않았고 그냥 간절하게 내가 살고자 하는 내 삶의 결을 따라가며 물 흐르듯이 써 내려갔어. 그렇게 하니까 숨 쉬는 것처럼 편했고 시를 쓰는 일은 영혼의 노래를 부르는 일이란 말도 이해가 갔어.

> 당신이 이 세상을 있게 한 것처럼
> 아이들이 나를 그처럼 있게 해 주소서
> 불러 있게 하지 마시고
> 내가 먼저 찾아가 아이들 앞에
> 겸허히 서게 해 주소서
> 열을 가르치려는 욕심보다
> 하나를 바르게 가르치는 소박함을 알게 하소서
> 위선으로 아름답기보다는
> 진실로써 피 흘리길 차라리 바라오며
> 아이들의 앞에 서는 자 되기보다
> 아이들의 뒤에 서는 자 되기를 바라나이다
> 당신에게 바치는 기도보다도

아이들에게 바치는 사랑이 더 크게 해 주시고

소리로 요란하지 않고

마음으로 말하는 법을 깨우쳐주소서

당신이 비를 내리는 일처럼

꽃밭에 물을 주는 마음을 일러주시고

아이들의 이름을 꽃처럼 가꾸는 기쁨을

남 몰래 키워가는 비밀 하나를

끝내 지키도록 해 주소서

흙먼지로 돌아가는 날까지

그들을 결코 배반하지 않게 해주시고

그리고 마침내 다시 돌아와

그들 곁에 순한 바람으로 머물게 하소서

저 들판에 나무가 자라는 것처럼

우리 또한 착하고 바르게 살고자 할뿐입니다

저 들판에 바람이 그치지 않는 것처럼

우리 또한 우리들의 믿음을 지키고자 할뿐입니다

— 나의 시 「아이들을 위한 기도」* 전문

    결국 문학이란 것은 우리의 삶 그 한가운데에 숨어 있었던 거야. 내 안에 있는 것을 나의 밖에서만 찾으려 했으니 찾을 수 없었던 거지. 그래서 나는 나의 첫 번째 '자유 버섯'인 시집 『청

---

* 김시집 『청풍에 살던 나무』(제3문학사, 1990)

풍에 살던 나무』이후로는 그리 어렵지 않게 나만의 '자유 버섯'을 수확할 수가 있었어. 그 후 다섯 권의 시집을 낼 수 있었고 지금 또 한 권의 시집을 내려고 준비 중이야.

 자, 그러면 지금까지의 이야기를 마무리 한다면 어떻게 될까?
 시작이 중요하며, 올바른 방향으로 길을 잡아야하며, 진실된 삶의 현장에서 열심히 살면서 느끼고 생각하고 고민해야한다는 정도가 될 텐데 그렇다면 이제 막 작가가 되고자 하는 청소년인 너는 어떻게 하면 좋을까?
 나는 무엇보다도 자기 자신의 존재에 대한 깨달음이 있어야 한다고 생각해. 어렵다고? 내가 말을 너무 어렵게 했나? 어렵게 생각하지 말고 그냥 쉽게 생각해. 우리는 몸과 마음을 가지고 있지? 문학은 마음이 하는 일이지? 마음이란 건 눈에 보이는 게 아니지? 그렇다고 마음이란 게 없는 건 아니지? 그 마음을 느껴보라는 거야. 그 마음은 언제 느껴지지? 평소에는 잘 느끼지 못 하다가 그 마음속으로 어떤 일들이 들어오고 나갈 때 그 때 비로소 강렬하게 마음이 요동치고 꿈틀거리는 것을 알 수 있지? 슬픈 일이 들어오면 우리는 슬픈 마음을 느끼는 것이고 화가 나는 일이 생기면 우리는 화를 내고 있는 자기 마음을 느끼게 되는 것이거든. 그러니까 작가가 되려는 사람들은 바로 그 순간의 마음들을 마치 눈에라도 보이는 것처럼 손에라도 만져지는 것처럼 그렇게 느껴야 한다는 거지. 그게 자기 존재에 대한 깨달음인 거야. 작가가 되려는 사람들은 그런 마음의 등불을 늘 켜놓은 채 자기 마음을 오가는 세상의 것들을 하나도 놓치지 않아야 하는 거야. 그러니까 자기 자신을 늘 깨어있는 상태로 잘 조율해야 한다는 거지. 조율이라고? 응, 그건 자기 마음을 잘 정돈하라는 의미야. 잘 조율된 악기가 좋은 음악을 연주해 낼 수 있는 것처럼 잘 조율된 마음이 좋은 글을 쓸 수가 있는 이치거든.

　다음으로는 뭐가 필요할까? 다음으로 필요한 것은 자기 마음을 기름지게 하라는 거지. 농사도 말이야 밭에 거름이 많아야 잘 되는 법이거든. 거름을 많이 줘서 땅을 비옥하게 해야 어떤 곡식을 심어도 잘 자라 열매가 실하거든. 그렇다고 금방 결실을 거두려고 조급하게 굴어선 안돼. 화학비료를 쓰면 그 때 당시는 조금 효과가 있지만 땅을 못 쓰게 만들어 결국 농사를 망치게 되거든. 그러니까 작가가 되려는 청소년들은 너무 성급하게 기성 문인들을 흉내 내어 쫓아가려 하지 말고 천천히 자기만의 마음 밭에서 소박하게 조금씩, 조금씩 시작하라는 거지. 대기만성이란 말도 있잖아? 천천히 해도 늦지 않다는 거야. 문학에 있어서 보다 중요한 것은 진실성이니까 말이야. 진실한 삶이 진실한 문학을 낳는 법이거든. 진실한 삶의 토양에 뿌려진 마음의 씨앗들이 언젠가 싹이 트고 잎을 틔우고 꽃을 피우고 열매를 맺을 것이라는 자명한 진리를 의심하지 말고 믿고 기다리며 노력하라는 거지. 분명 그 뿌리가 더욱 튼튼해져서 언젠가는 반드시 아름드리 고목이 될 테니까 말이야.

자, 그럼 그 다음엔 또 뭘 하면 좋을까? 이제는 마음의 여유가 생겼으니 편안한 마음으로 다른 이의 글들도 좀 보고 일기를 쓰듯이 부담 없이 습작도 해 보고 그러면 좋을 거야. 문학을 즐기라는 거지. 좋은 작품을 써야겠다는 생각을 버리고 작가가 될 거니까 남보다 더 특별한 어떤 것을 써야한다는 강박관념도 버리고 그저 글을 읽고 쓰는 일을 평범한 자기의 일상으로 만들어보라는 거야. 문학을 하는 일이 즐겁고 행복한 일이 되게 하라는 거지. 왜냐하면 그래야 중간에 포기하고 그만두게 되는 일이 없을 거거든. 마라톤을 생각해 볼까? 초반부터 너무 숨 가쁘게 마구 달려 나가면 어떻게 되겠어? 그래. 얼마 못 가서 곧 쓰러지겠지. 문학도 마찬가지라고 생각해. 문학은 평생 해야 하는 일이거든. 잠깐의 호기심이나 열정만으로는 문학을 못 해. 문학이 평생의 일이라는 생각을 가지고 마치 마라톤을 하는 사람들처럼 자기 자신의 삶을 잘 조율하면서 기꺼운 마음으로 달려야 할 거야. 때론 힘이 들어 주저앉고 싶은 생각도 들 거고 때론 자기를 알아주지 않는다고 속으로 화를 낼지도 몰라. 그럴 때는 늘 처음을 생각하면 좋을 거야. 우리가 문학을 시작한 것은 맹목적으로 '좋은 작품을 써야겠다.' 거나 그래서 '이름을 날려야겠다.' 거나 하는 그런 욕심 때문은 아니었거든. 우리가 문학을 찾은 이유는 문학이 멋있기 때문이 아니라 진실한 삶을 살고 싶어서였잖아. 그러니까 그 어떤 상황이 닥치더라도 '나는 지금 진실하게 살고 있는가?'라는 물음을 놓지 않으면 돼. 거기에 길이 있으니까. 자, 그럼 나는 이

정도에서 작별을 고해야겠군. 다들 아름답고 진실한 삶의 주인이 되어 행복한 작가로 거듭 나서 반가운 동지로 다시 만나길 바라. 끝으로, 얼마 전에 새로 쓴 시 한 편 선물할게. 반가웠어. 안녕!

득음

드디어 울음소리가 노래가 되면서
매미 한 마리가
온 숲을 푸르게 물들였다

나는 몰랐다
지상에서 노래하는 모든 것들이
처음에는 다 울음이었다는 것을

나는 몰랐다
나 또한 울어야한다는 것을
그래야한다는 것을

茶人軒 다인헌

思如林林　생각은 숲처럼 깊고
行如灘灘　행동은 여울처럼 경쾌하게
心心茶香　마음은 다향이되어
處處花花　머무는 곳마다 꽃이 피네

생각은 깊고, 마음은 맑고, 행동은 경쾌하여
은은한 향기가 나는 그런 사람
산처럼 깊고, 물처럼 맑아 마음에 연꽃이 피어나는
그런 사람에게 이 책을 드립니다.

초우산방에서 金柿天

편집 후기

감나무가 있는 풍경

　　柿天―紅哺萬鵲　홍시 하나에 들판의 까치 배부르고
　　雀舌―葉香萬人　작설 한 잎에 만인이 향기롭네.

　젊은 날, 그러나 곤궁하고 거친 한 시절이었다. 우린 그 복판에서도 기죽지 않고 재미있게 함께 놀았다. 돌이켜보건대 그런 재미와 여유가 무기가 되어주지 않았던들 그 무거운 시간들을 어찌 가볍게 밀고 나갈 수 있었으리.
　궁핍하고 거친 날들이었으나 여유와 놀이의 중심에 바로 시천(柿天)이 있었다. 우리는 재미삼아 그를 주지스님으로 모시고 신도를 자처하여 절집 놀이를 하곤 하였다. 세속과는 좀 다른 맛의 곡차로 시작하는 야단법석에서, 파계한 엉터리 우리 주지스님의 말씀은 제법 경전의 핵을 찔렀고 화두를 깨는 날카로운 발칙함이 있어서 갈수록 재미가 더해졌다.
　격동의 한 시절이 일단락되고 시천이 교단으로 돌아가자 우리의 만남도 적조해졌다.
　그러던 어느 날 바람처럼 그가 우리에게 다시 왔다. 그는 사는 이야기 몇 자락을 깔고 평소에 끼고 다니던 대금 소리와, 여느 때와는 많이 다른, 바람난 과부의 치마소리 같은 색소폰 연주의 긴 여운을 남기고는 표표히 사라졌다.
　그 뒤로는 자취를 찾을 길 없고 소식을 아는 이 없었다. 그래, 자유가 아니고서 어찌 그를 가두랴. 하지만……
　꽃이 진다고 잊으랴 했던가.
　그렇게 그가 떠나간 뒤 우린 가끔씩 인생의 중요한 무언가를 놓친 듯 허전하고 망연한 느낌이었다. 깊은 한숨처럼 아릿한 상실감과 갈망과 탄식이라고나 할까. 마치 그가 우리의 뿌리를 흔들고 있는 것처럼.
　그의 노래와 몸짓과 웃음에서조차 묻어나던 결코 범속하지 않은 그것이, 그의 말이 그리웠다. 허전한 날, 아름다운 날, 힘든 날이면 더더욱 듣고 싶은, 가벼운 듯 무거운 그만의 법문들이.

　세속적인 연을 염두에 두지 않는 시천의 마음이 어디를 떠돌고 있는지는 알 길 없는 일이었으나 아무튼 우린 그랬다. 그이야 이 세상 어디쯤에서 독보적인 방식대로 한 시절을 소요하고 있을 것이겠으나.

　마침내 어떻게든 그가 사는 하늘을 찾고 싶어 궁리했고 한 해의 끝자락에서 그를 만났다. 우리는 아무런 말도 하지 않았다. 다만 온 마음을 다해 서로를 안았고 10년의 세월이 바람처럼 우리 사이를 건너갔다. 새털처럼 가벼워진 그가 안겨오자 여한 없는 아름다움으로 무거워진 그의 시들은 별처럼 내려와 이별의 간극을 메우고 있었다.

　따뜻하고 찬란한 햇빛 아래 서 있는 늙은 감나무 아래로 우리를 데려간 그가 말했다.
　"홍시는 다 익었나?"
　어쩌랴, 그는 여전히 중이었구나. 우리가 여전히 그의 신도인 것처럼.
　그 홍시, 스스로를 비운 고요함으로 새털처럼 가벼워져 두둥실 떠오르고 있었다.

　　似僧有髮　중인가 하니 머리가 길고
　　似俗無塵　속인인가 하니 세속의 때가 없네.
　　作夢中夢　꿈을 꾸고 꿈속 꿈을 또 꾸어
　　見身外身　몸 밖의 몸을 보네.*

　여여, 무등심, 마하심 또 그 옆에……. 그가 저만치 앞서 가며 우리를 재촉한다.
　"오늘은 풍등(風燈)을 날리자!"

　산다는 것은 무엇이랴. 그처럼 가벼워지는 것이리.
　　　　　　　　　　　　　　　　　　　　　　— 시천의 벗들

＊宋·黃庭堅 詩

풍등

2018년 1월 15일 초판 1쇄 발행
2019년 6월 30일 초판 2쇄 발행

지은이　김시천
펴낸이　유정환
펴낸곳　도서출판 고두미
　　　　등록 2001년 5월 22일(제2001-000011호)
　　　　충북 청주시 상당구 꽃산서로8번길 90
　　　　Tel. 043-257-2224 / Fax. 070-7016-0823
　　　　E-mail. godumi@naver.com

ⓒ김시천, 2018
ISBN 979-11-86060-48-3 03810

이 도서의 국립중앙도서관 출판예정도서목록(CIP)은 서지정보유통지원시스템 홈페이지
(http://seoji.nl.go.kr)와 국가자료공동목록시스템(http://www.nl.go.kr/kolisnet)에서
이용하실 수 있습니다.(CIP제어번호: CIP2018001150)

※ 지은이와 협약에 따라 인지를 붙이지 않습니다.
※ 책값은 뒤표지에 표시하였습니다.
※ 잘못 된 책은 구입한 곳에서 바꾸어 드립니다.